Vivir en el
UNIVERSO

GUÍA PRÁCTICA

Si este libro le ha interesado y desea que lo mantengamos informado de nuestras publicaciones, escríbanos indicándonos cuáles son los temas de su interés (Autoayuda, Espiritualidad, Qigong, Naturismo, Enigmas, Terapias Energéticas, Psicología práctica, Tradición...) y gustosamente lo complaceremos.

Puede contactar con nosotros en
comunicación@editorialsirio.com

Diseño de portada: Editorial Sirio, S.A.

© de la edición original
   Matías Gustavo De Stefano

© de la presente edición

EDITORIAL SIRIO, S.A.
C/ Rosa de los Vientos, 64
Pol. Ind. El Viso
29006-Málaga
España

EDITORIAL SIRIO
Nirvana Libros S.A. de C.V.
Camino a Minas, 501
Bodega nº 8,
Col. Lomas de Becerra
Del.: Alvaro Obregón
México D.F., 01280

ED. SIRIO ARGENTINA
C/ Paracas 59
1275- Capital Federal
Buenos Aires
(Argentina)

www.editorialsirio.com
E-Mail: sirio@editorialsirio.com

I.S.B.N.: 978-84-7808-799-0
Depósito Legal: MA-112-2012

Impreso en Imagraf
Printed in Spain

Matías De Stefano

Vivir en el
UNIVERSO
GUÍA PRÁCTICA

editorial Sirio, s.a.

PRÓLOGO

Mi nombre es Matías Gustavo De Stefano. Nací en agosto de 1987 en Venado Tuerto, Argentina. Soy uno de los niños nuevos que nacieron desde ese año en adelante para traer y anclar la nueva conciencia, como uno de tantos trabajadores, organizadores y guías de este comienzo de era, de esta transición que todos estamos viviendo.

Como mi labor es guiar a las almas que no están centradas aún en este planeta, mis guías y yo hemos determinado que cuanto haga sobre la Tierra debe estar relacionado con la educación. Pero la forma y el contenido de la educación actual, arcaica y tan poco integrativa, me llevó a dejar mis estudios de psicopedagogía y a comenzar con la educación social de aquello que la gente más necesita: organizar sus verdades.

Desde los seis años, tengo recuerdos de pasados muy remotos dentro del tiempo y del no tiempo, y nunca supe bien para qué servían, ya que había muchos que hablaban de estos temas bastante más detalladamente de lo que yo podría hacerlo. No obstante, a los diecisiete años, al empezar a hablarles a otros de lo que recordaba, me di cuenta de que muchísima gente estudiosa o afín a temas universales me planteaba cuestiones muy simples, con dudas sobre asuntos muy sencillos, desde qué es la cuarta dimensión hasta cuál es la diferencia entre espíritu y alma, asuntos que muchas personas, incluso leyendo a grandes canalizadores actuales, no lograban aún discernir. Entonces comprendí cuál era la razón por la que mis guías me permitieron recordar, a mi manera, todo aquello que rondaba en mi cabeza desde pequeño... Ahora tomé la decisión de llevar estas frecuentes dudas a un pequeño libro, con tal de ayudar a organizar todas estas verdades.

INTRODUCCIÓN

Para este libro he creído conveniente exponer los textos que presento a continuación.

Se trata de fragmentos de dos libros que escribí en la adolescencia y que nunca publiqué. Los dos hablan sobre el origen del Universo y dan algunas breves descripciones de la manera en que yo lo recordaba.

Desde los doce años, edad en que comencé a recordar, me sentí llamado a escribir todos mis recuerdos en forma de literatura novelada. El primer libro llevaba el nombre de *La Gran Herencia,* el cual tiempo después modifiqué y dividí en dos libros diferentes.

Los siguientes fragmentos fueron extraídos de *Primeras memorias* y *Ghan Arsayan,* el primero escrito entre los catorce y los dieciséis años, y el segundo a los diecinueve, con la intención de que fuese el prólogo del resto de los libros que escribí, aunque ninguno fue publicado.

Entre ellos, hay un fragmento escrito en otra lengua y su traducción, los cuales escribí a los trece años, fecha en que comencé a recordar los principios.

...Y es de eso de lo que les quiero hablar: sobre los principios y la formación de todo lo que conocemos.

GRAN ARSAYAN
Primeras memorias

"Wunapei"
Los comienzos

FRAGMENTO: "PRIMERAS MEMORIAS"

"...Los sonidos se enfurecían fuera de mi ser. Un profundo zumbido rozaba mi existencia removiendo mi cuerpo entre las lejanías. Mis ojos temían abrirse ante los espeluznantes ruidos que lo dominaban todo. De repente, sentí una presencia suave, y con su sonido intuí que tenía que ver. Extraño verbo. El temor que, sin reconocerlo, había en mis entrañas, sellaba con fuerza mis ventanas, pero contra mi voluntad vi, puesto que nada había para que yo pudiese cerrar los ojos. Mis ojos no existían. Ese recuerdo que me hizo sentir la muerte, no fue más que un sueño sin explicación, lo que veía a mi alrededor no tenía ninguna lógica. Sentía mi cuerpo, pero no lo veía. Tenía la sensación de flotar, como al principio, y al girarme la vi. Vi una luz incandescente de mil colores, luego luces enternecedoras y maravillosas me rodeaban, pero no sólo a mí. Mis recién estrenados ojos a la Realidad, no sólo me permitieron ver la belleza que me rodeaba, sino que pude ver a otros como yo, no sé cómo lo hice, pero los podía ver y los sentía moverse. Mis ojos no lograban ver todo lo que me rodeaba y parecía que quisiesen abrirse de lado a lado, pero no podía, y entonces apareció esa extraña sensación. La emoción y la excitación por lo nuevo me envolvían, y me llevaron al cansancio. Volví la mirada a la oscuridad, y me dormí. No estoy seguro de cuánto tiempo pasó, pero al levantarme lo vi todo con mejores ojos, y una maravillosa luz móvil dejó expectante a mi ser. Eran miles, millones y billones de seres como yo, y todos iban hacia la Gran Luz. Por más que me esforzase, no hay palabras en idioma humano que puedan explicar con detalle la grandeza y la maravilla que los ojos celestiales permiten ver en el Universo.

Toda esta novedad me daba cierto temor, pero no podía quedarme eternamente en el sitio donde había abierto los ojos por primera vez. Además, cierta sensación me impulsaba a levantarme. Una especie de fuerza, que tal vez habitaba en todo y que nos da fuerzas extrañas sobre el por qué de las cosas, me impulsó a ir en la Nada hacia otro ser, al parecer despistado como yo, que caminaba junto con la oleada, como siguiendo la corriente. No dudé en acercarme y por primera vez sentí algo muy extraño... el gratificante sentir de otro ser como yo, y el poder comunicarme, aunque no sé realmente cómo lo hice, pero de mí salieron ciertas energías que permitieron que el otro girase sobre sí y respondiese a mi pregunta.

—*¿Qué es lo que pasa? ¿A dónde van todos?*

—*He oído que el Gran Ser nos llama, debemos todos ir; tú ven conmigo* –respondió. Lo tomé de la mano y no lo solté. Con él me sentía extraordinariamente bien, y me di cuenta, al tocarlo, que era su ser lo que antes de abrir mis ojos sentí rozar mi cuerpo de energía, como si de dos en uno se tratase.

Desde el negro horizonte se sentía una fuerte onda, un ensordecedor ruido que sacudía todo a su paso.

Al fin todos estábamos llegando, y la luz nos envolvía como una hermosa manta gruesa en pleno invierno. Entre el viento y la roca que nos rodeaba, pisábamos un espacio puro y tranquilo, iluminado por el Gran Sol. De repente, todos nos espantamos al ver una enorme ola salir de su superficie dorada y blanca, una ola de tierna y suave luz que iluminó a uno de tantos como yo, el cual indescriptiblemente creció de tamaño miles de veces, envolviéndose y transformándose en más luz. Era la Luz Blanca. Dio un paso al frente y sonrió, hasta que al fin pronunció sus primeras palabras ante la multitud expectante:

—*Agradezco el enorme honor que ahora siento. Soy el "Portador de la Palabra del Todo", y su sentir, sale de mi boca en forma de palabra. Él dice que nuestro hogar aquí se fundará, junto a su mano, y con deseos cada uno creará su pedazo de hogar. Nuestro hogar crecerá paso a paso, expandiéndose y tapando a aquel que pueden ver y oír en los límites, moviéndolo hacia atrás. Hoy se les dará una función a cada uno de ustedes, y ejerciéndola, transformarán a aquel monstruo, creando el "Universo".*

En un instante, la misma luz a todos nos tocó, y nuevamente volví a quedar dormido, perdiendo de vista y tacto a la otra alma, como si nada hubiese pasado. No sé cuánto tiempo transcurrió, pero el día en que nuevamente miré al frente, al sentir la voz de aquel mensajero del Todo, supe sin más para qué estaba yo allí. Su voz, pronunció un nombre, el mío:

—*"Ghan"* –escuché imponente– *"el Todo me ha dicho que serás una de las almas que tendrán en su mente el honor de recordarlo todo, la historia será tu ser, y los años segundos para ti serán".*

Fue ahí, cuando mis ojos parecieron estallar. Todo me daba vueltas, y una luz encandecía mis ojos. Los miles de rocas que me rodeaban comenzaron a brillar como pequeños puntos de luz pasando hacia atrás con una velocidad inmensurable. Toda esa sensación de velocidad que en un instante sentí, se transformó en un vacío negro y profundo, y en ese mismo lugar quedé estancado, sin poder mover más que la vista. En mi cabeza, una voz muda comenzó a contarme una historia, la historia del origen..."

—*Mira al frente* –presentí en esa voz– *dime qué es lo que ves.*

—*Veo todo oscuro, no logro ver nada, como si estuviese ciego.*

—*No puedes estarlo, puesto que la ceguera no existe. Todo a tu alrededor es una energía, la energía más extraña de todas, e irrepetible; cuando un rayo de luz la atraviesa deja de ser la misma; esto mismo es una "imaginación", puesto que con nuestra presencia, dejaría de ser la misma. Estamos en la llamada "Ptnishal", la inconfundible, única e irrepetible "Nada".*

En ese momento, sentí un extraño escalofrío, que expandía por todo mi ser una especie de miedo, respeto y admiración.

—*Mira allí abajo, describe lo que ves.*

—*La Nada, no veo más que oscu... espera un momento... veo chispas, se extienden en forma de círculo; ¿qué es eso?*

—*Eso, es el fin de la Nada. No puedo llevarte hacia donde reaccionó, ni decirte a qué punto llegó para que esto sucediese, pero lo que sí sabemos, es que pasó, y esa reacción en cadena de una energía neutral al cien por cien, creó una nueva que comenzó a vibrar y variar en cientos de formas. Jamás se separaban, y esa unión comprimida de energías vibrantes, ahora ha formado una gran energía, la Gran*

Energía, el núcleo vibratorio más grande de todos, es el nacimiento del "Todo".

En ese momento, paseando por la ex-Nada, este susurrar en mi mente me contó sobre las primeras energías, a las que más adelante veía, y a las que observaba con cierto deseo.

Dijo que al principio, vibró una de las más fuertes energías que se pudieron haber creado, la cual hizo temblar a la Nada como si estuviese desnuda en pleno invierno. Su reacción provocó cierta combinación forzosa con las demás energías comprimidas, y el resultado se convirtió en la esencia de todas en el núcleo de la gran mole, la cual, al recibir esta vibración, creció y creció, alimentándose de la misma, y dejando que todo lo demás se moviera en su entorno.

—*¿Quieres sentir de cerca esta energía?* –me preguntó la voz.

—*Guardo cierto recelo, pero en mí hay algo extraño que me llevaría a hacer todo lo que dices* –respondí.

—*Esa, es otra de las vibraciones que en tu nacer te ha envuelto, mas en este tiempo que vemos tu sentir no había nacido aún. Tu frase, si no me equivoco, ha respondido con un sí.*

Entonces, comencé a moverme involuntariamente hacia mi derecha, hasta un lugar extraño, mas cuando llegué, sentí en mi pecho un golpe. Inmediatamente un retortijo interior. Un cosquilleo subía por mi garganta y relajaba mi mente. Comencé a vibrar y a brillar. Era increíble, todo en mí estaba en pleno movimiento, y una sonrisa, seguida de una gran y dulce carcajada me hicieron sentir algo precioso. Desde ese momento hubo en mi ser una sonrisa para todo y para todos.

—*¿Qué fue tal espectáculo?* –pregunté alucinado y relajado, sintiéndome pleno y agraciado.

—*Ese fue el gran vibrar, el gran sentir, la energía que forma parte de todo, calma y reconfortante, que te mantiene en puro equilibrio con todo lo que se ha creado, la llamada* **Amor**...*"*

FRAGMENTO: "LA GRAN HERENCIA"

"Tulïs Saldye"

"*…Tokha kolnna wpun plybun ixe ḱelile ton xarïs lion. múa üme-na úyuk, kene yum sona ine eiprumïs plev, noge ei noge lablïsu, źis pliamir tolti yut eisednna syy alub: "Der soḱ" sarwe, yur bakub ḱe eitulïs gadaþ, enainu, sheu yurey lahnun nir, batrô, sheu nir yur lahnendu. Enän, torur selun lahya, nifya, kei manya nœlahnindu, ianté sekhur þte. Ban tathi nus kei lah sotîri yu baskun kei lombun, adei sekhyeen nus, ḱavsir ide sarwe sobub yonkh prumunvu: **Sau**.*"

Creo que debería comenzar a contar esta historia de un modo racional, pero no sé cómo, por lo que tomo aquella tan renombrada frase, repetida de generación en generación, y que me habían dicho que se decía en el sitio donde mi estancia transcurriría: "Había una vez" un ángel que caminaba solo por el vasto universo, triste, sin nadie a quien amar, y por consiguiente, sin poder ser amado. Entonces, pensó en crear amor, belleza e inteligencia que pudiera amar y, proteger, y que lo amara, y creó la materia. Por sus esfuerzos y por el amor que sentía hacia aquellos a quienes protegía y enseñaba, los seres vivos *de su creación, sintieron que este ángel solitario poseía el honor de nombrarse: **Dios**.*

Mi nombre es Ghan. Soy un ente, que recorre el vasto universo que me rodea. Miro a mi alrededor, y veo oscuridad, pero en esa oscuridad hay millones de luces, y a pesar de que levito solo por aquellos caminos, al suspirar miro a mi alrededor, y sé en mi corazón que no estoy solo; en todas las luces no titilantes de este gran sistema, hay vida. Y amo esa vida; hay cosas tan increíbles y desiguales en ella que le llamarían la atención hasta al ser más frívolo. Al caminar, me encuentro con grandes, inmensas nubes color púrpura, amarillo y naranja. Nubes de cientos de colores, que flotan al igual que yo. Es el Origen, la forma más bella de crear. Son nubes de esperanza, de "creación". La palabra lo dice todo. Me encanta sentarme en la esencia del espacio y observar durante largo tiempo la creación de estas maravillas.

FRAGMENTO: "GHAN ARSAYAN"

A veces, creemos que tenemos las cosas claras, que el universo funciona realmente como nosotros creemos porque así nos lo han enseñado y contado, pero yo les digo que jamás se crean nada, pues nada existe realmente.

No se asusten, hermanas almas. No está saliendo de mi boca la mayor calumnia de todos los tiempos. Existimos, claro está, pero no de la manera en que nosotros creemos, y la única forma de conocer esas falsedades y de descubrir las verdades es escuchando y observando todas, absolutamente todas, las historias que existen en el universo. Ardua labor es esta, ¿no lo creen? Hay seres que estamos aquí para ello, no se preocupen, hermanas almas; pero les dejaré un mensaje, mensaje que he aprendido en mi vida, lo he aprendido de mi ser y mi esencia. Se trata de un camino que les mostrará cómo encontrar el camino de ustedes dentro de la historia irreal. Por eso les cuento la mía...

Todos se han preguntado alguna vez: ¿de dónde venimos?, ¿para qué venimos? y ¿a dónde vamos? Las respuestas son las mismas que las de esta sencilla pregunta: ¿dónde estamos y quiénes somos?

Nacimos del mismo nacimiento, y somos el mismo nacimiento, pues cada parte de nuestra esencia se corresponde con una parte del universo. El universo es nosotros y nuestro entorno. En nosotros y en el ámbito que nosotros conformamos y completamos, es donde se desarrollan las grandes verdades, las que son nuestras y conforman la Verdad. Esas verdades son nuestras historias y son las que, paso a paso, en nuestra existencia, conforman las claves de nuestro karma, nuestro camino transitado, el sendero que caminamos y los caminos que vendrán tras el horizonte.

He visto miles de realidades, cientos de universos y existencias, y por ello puedo hablar de la humana como una de las más complejas. Podría decirse que es la prolongación sensible de la gran luz central, brillando en un concentrado ciclo tras los umbrales de la materia.

En mis comienzos jamás había oído hablar de la materia, pues habitaba en los espacios del no-tiempo y no-espacio, sitio en el que no hay sitio y en el que todo, incluso la más siniestra oscuridad, es pura luz divina.

Mi hogar, mi nido, era aquel cordón inexistente al que unos llaman *Matriz*.

Intenten imaginar... Un lugar tan grande que no pueda ni siquiera considerarse como real, algo sin límites, sin fin, algo de lo que todos, en cierta forma, dependemos... Algo que sobrevive a todas las existencias, a las luces, incluso a la *Luz*... una enorme espiral de la que somos parte conformando todos los confines no imaginados. Todos nos movemos en él, porque somos él, somos las ramas de las cuales el gran dios universal se provee para alimentar y recrear a su esencia troncal y a sus incontables raíces, que crecen en un lado lumínico en el que ligan su fortaleza con las demás raíces universales. Allí, sobre las ramas que en simbiosis sostienen a la gran Fuente que nutre a las hojas del espacio, nos hallamos todos, absolutamente todos los que lo conformamos. Es nuestro hogar, del cual nos desentendemos varias veces en nuestra existencia.

Mis historias prenden de esta espiral, que es mi hogar, el mundo en el que he visto todas las realidades que he plasmado en mis recuerdos.

En mis caminos, transitaba las verdades de todos los seres, de todas las acciones y funciones de las existencias y sus esencias. Me regocijaba en las luces del Divino, del Universo, atravesando tanto la Fuente como los lados más oscuros e incluso las tinieblas, en las que yo aún veía luz.

Mi labor, en aquellos espacios infinitos, consistía en enviar a través de mi ser la mayor cantidad de información que soportase mi esencia, todo ello para poder residir en el gran círculo de la Memoria Universal, el anillo de la Fuente en la que todo se registraba -lo habido y lo por haber-, sin mesura del tiempo ni el espacio, a expensas de lo lineal, transmutando su esencia en infinito y llenando a la Fuente de tanta vida que lograba abastecer así a cada parte de aquel gran árbol que mecía sus hojas hacia todos lados, conectando sus raíces con el infinito.

Todas aquellas vivencias convivían en mi esencia, pues yo era ser de ese Ser, célula de aquel cuerpo, y por ello, contenía en mí la misma información que en su conjunto, y era esa información la que yo, en mis caminos, expedía como si fuese el oxígeno exhalado por los pulmones de un ser vivo en un mundo de aire.

En las afueras del gran círculo de la información, la Gran Biblioteca, yacía la cuna de la vida real, los nidos donde nacían las almas que vivirían en el universo. Todas ellas esperaban con ansia el momento en que su precaria forma lumínica y espectral fuese llamada para formar parte de la vida que nos hace aprender.

Había millones de grupos que al pasar veía indiferentes, sin experiencia alguna, sin ánimos ni expectativas, pues no habían sido preparados para enfrentar en su interior tales cosas.

De esta manera semejaba contar cuentos, sin esperar que cobrasen sentido; a veces, eran simples cálculos, o visiones, estructuras moleculares o arquitectónicas, imágenes, recuerdos sueltos, como sueños, o deseos, pero nadie esperaba una buena narración, sino simplemente ver, oír o sentir pequeños vestigios de todo aquello con lo que en algún momento se toparían en la existencia, al moverse por la invisible e incalculable matriz.

Como toda espiral, sus movimientos nos llevaban a todos consigo en un inacabable frenesí que nos transportaba de un sitio a otro, aunque solo quienes éramos conscientes de su presencia, a la vez fuerte y sutil, podíamos apreciar ese movimiento ciclónico. Para muchos, ese revuelo era electricidad, o lo contrario, energía estática inerte, esencia o inexistencia, pues era Ser y no-Ser en el tiempo y en el no-tiempo, en un espacio no espacial.

Con cada movimiento, nosotros, los entes de la Matriz Viva, viajábamos por las luces hacia nuevos mundos y universos, nuevos sitios, esencias y existencias, y yo llegué más allá de lo que jamás había recorrido. Los conjuntos galácticos danzaban a mi alrededor en forma material, aunque brillando a lo lejos como espectros sin forma, entre la luz que nadie más veía.

Millones recorrían aquellos lugares, pero era la primera vez que yo me adentraba en ellos, -preciosos, del lado material-, cruzando el umbral que me llevaba a las más bajas dimensiones: décima, quinta, segunda, octava, todas las dimensiones que prendían de la materia de este lado.

Como por las energías de un imán, fui atraído hacia las dimensiones de los primeros planos, hasta el duodécimo, si mal no recuerdo, eran galaxias que se movían entre la segunda y la octava dimensión material.

Los planetas, en su mayoría, eran simples, así como las estrellas y novas que los rodeaban y sujetaban. Las espirales eran normales, el orden estaba establecido. Pero había fuerzas que se impregnaron en mi ser y me mostraron existencias y realidades tan complejas como se puedan hallar en todo el universo. Eran mundos de séptima, sexta, quinta, cuarta y tercera dimensión, sobre todo de las primeras. Pero no tardó mucho en suceder que todo el sistema pareció acentuar la importancia de solo una dimensión, al menos en lo que mi presencia sentía, una de las más bajas y complejas, ante la cual, en cierta forma, permanecí expectante y entusiasmado: la tercera dimensión.

Me envolví en su esencia y me hice parte de su existencia al volver una y otra vez para observar ese mundo tan complejo.

Jamás podría haberme imaginado algo tan extraño y único, algo tan espectacularmente visible y palpable. De forma increíble, me vi envuelto en colores que no simplemente existían, sino que pertenecían, compartían y convivían con otras esencias tan densas que se me hacían difíciles de comprender. Esencias que, con otras esencias, formaban más esencias que eran afectadas por otras, las cuales a su vez, conformaban otras nuevas que les impedían relacionarse estrechamente con sus hermanas primigenias... Puede resultar difícil de comprender, ya que estas palabras, su autor y el lector estamos formados por esencias diversas.

Estos caminos anteriormente no existían para mí. Pero me uní a ellos de forma especial y única. Me era difícil adherirme a ellos directamente, pues ello requeriría de una gran preparación y meditación, de enormes pruebas y juicios propios y externos. Resultaba tan complejo y complicado "comunicarme" con las materias que solo podía enterarme de sus sucesos y realidades a través de los grandes seres de la galaxia -entes, espíritus en viaje, dioses naturales, dioses estelares y planetarios, observadores, guardianes, mensajeros, dioses menores, ascendidos-, ni siquiera los confusos espíritus álmicos, los fantasmas, me servían para ello. Quienes más me ayudaron fueron seres procedentes de las lejanías de los cúmulos estelares y de otros soles, seres provenientes de otros mundos no jóvenes con los cuales me era más fácil "hablar". Ellos me guiaron hasta el entendimiento de este nuevo mundo cada vez más caliente, sólido y emanador de gases, y de sus seres que se escurrían entre sus superficies de manera astral, confusa y hosca. Aquellos seres eran observados y analizados detalladamente por espíritus encarnados, que me ayudaban a comprenderlos.

Me alejaba de las historias del resto de mi universo, de mis campos de acción, y comenzaba a prepararme para este extraordinario hemisferio universal.

Diversas razas estaban presentes en la colaboración y el análisis de estos territorios estelares, y entes espirituales, se acercaban para realizar transformaciones y ascensiones en la materia. Ángeles, y seres energéticos transitaban los callejones materiales. Las luces también se acercaban, así como otros mundos movibles que viajaban para conformar los sistemas *tercero* y *cuarto*. Había entes de otras dimensiones, inherentes al cambio, algunos eran vestigios de mundos recordados por mí, recuerdos de otra existencia de la galaxia, que paralelamente convivían con la regeneración de su antiguo mundo.

Eludidos por los seres de otros mundos, detrás de los portales dimensionales continuaban con sus edades elfos, duendes, hobbits, dragones, hadas, ogros, magos y tantas otras existencias. Similares a ellos, debido a su historicidad galáctica, algunos de los que provenían de mundos y estrellas lejanos, veían en la materia azulada una semejanza con sus ancestros casi etéreos.

Poco a poco fui adentrándome en los mundos de este lado y acercándome a los seres que los habitaban. Sus tierras cambiaron en un momento pasando a ser un mundo de agua. Las lluvias llenaron los cañones, convirtiéndolos en un enorme océano -impulsado por dioses menores y dioses naturales, junto a los entes propios del medio, bajo las directrices del Supremo, por mandato del Sol, regido a su vez por Sirio-.

Entre todos propulsaron lo que luego se llamó aquí *Vida,* de la misma forma en que los rayos del sol creaban ondas en las paredes de energía, como las crea una piedra en un lago.

El tiempo, que afectaba a la realidad multiesencial, produjo el movimiento inercial en la materia, movilizando sus puntos de energía e incitándolos a recorrer levemente la superficie y las profundidades. Pronto se crearon los grandes continentes de tierras, que al caminar por los océanos, se unieron, dividiéndolos. Con todas las tierras ya unidas, nuevos seres vinieron desde el confín espacial, para analizar, investigar y proteger a sus entes, las bestias que habían surgido de los organismos más elementales.

Yo, desde todos los puntos del universo que con gran interés transitaba, no dejaba de presenciar cuanto aquí ocurría, aunque, por no ser omnipresente, me resultaba complicado saber lo que sucedía en todos lados, y de vez en cuando, debía informarme sobre algún hecho pidiéndoles a otros de mi hogar un resumen de lo sucedido, resúmenes que a veces eran difíciles de captar.

Llegó la época en que el mundo azulado comenzó a ser hostal, base e incluso hogar de diversos seres externos, que experimentaban con este mundo y se proveían de él. Estos seres, llamados aquí ánimas, junto con las inmóviles *vegetas,* se perfeccionaron y diversificaron tanto debido a las adversidades de las múltiples evoluciones, que llegó un punto en el que comprendieron que este mundo no era una simple base, un simple hostal, sino que era mucho más que eso.

Casi al mismo tiempo que ellos supe que este mundo tenía un plan, pero desconocía que era en ese preciso momento cuando ese plan iba a generarse.

Entes astrales, solares, álmicos, cósmicos, búdicos, dimensionales, dioses, ángeles, ángeles mayores, pleyadianos, veganos, sirianos, andronianos, energías rojas y naranjas, espíritus, canales de la Fuente, túneles de Hish, antianos, almas, hahis, canales de Rabal, entre tantas otras entidades, se dirigieron a este mundo en crecimiento y floración.

Así como el riego de la lluvia hace crecer a las plantas, las energías lo impulsaban todo. El tiempo daba la evolución y los cambios, y todos los entes de los mundos etéricos comenzaron a trabajar sobre las existencias de este mundo, impulsando el gran proyecto. Los extraterrenos vigilaban y se unían a los complejos seres del mundo azul.

Fue mucho lo que sucedió en aquellos tiempos. Creaciones por parte de los etéreos y los foráneos, proyectos y atrocidades, todos, en cierta forma, cumpliendo con el Plan Divino de la Fuente. Ni unos ni otros fueron creadores o padres de las magnificiencias que se dispersaban ahora por el mundo; simplemente el fertilizante y la lluvia fueron quienes hicieron crecer a la semilla, la cual ya contenía en sí misma todos los potenciales. Unos ayudaban a enraizarla, otros a propulsar sus brotes y ramas, mientras otros le permitían florecer protegiendo sus frágiles pétalos, cubriéndolos de las plagas externas, muchas veces de las internas, del frío de las noches y del calor de los días.

Este mundo no era como cualquier otro. Era la *Perla Azul*, -como una vez lo había oído nombrar- destello y esperanza de millones de seres álmicos que podía ver acercarse poco a poco acompañados por los Grandes, esperando a hacer aquello tan llamativo, hermoso, maravilloso y lumínico que jamás podrían haber imaginado: *nacer y vivir.*

Pasaron días, meses años, décadas, siglos y milenios en los que yo, con cada vez más dedicación, me volcaba en los seres que comenzaban a volverse cada vez más complejos. Rabal* había hecho un gran trabajo, y las mentes de otras razas se unieron a aquella de extraño aspecto. Eran los *angelcanos*, una de las razas de los ángeles, quienes habían dotado de tan extraña y hermosa forma a los seres predilectos de este mundo, primos astrales de los extraterrenos fundadores de estas nuevas gentes y sus civilizaciones.

Todo cuanto percibí con los sentidos fue así mismo narrado a las almas, en los campos que habitaban. Todas esperaban llegar a vivir aquellas situaciones, aquellas vidas que yo veía, y ser los protagonistas de tales historias.

Por mi parte, cada segundo que allí pasaba se me hacía como un llamado: yo debía estar allí, presente en aquella tierra y aquella historia, ser parte de su esencia y seguir su camino salvador, voluntario, en pro de la labor de la Fuente.

Rememoraba cuanto había ocurrido sobre sus mundos superficiales e intraterrenos, y me enamoraba cada vez más de todo cuanto a su alrededor se forjaba. Era, en aquellos momentos, uno más entre todos aquellos entes que giraban a su alrededor y se adentraban en ella por la fuerza de su luz y su gravedad. No obstante, jamás hubiese pensado que todo aquello que anhelaba en mis viajes lejanos comenzaba a estar cada vez más cerca, casi incluso dentro de mí, y no tardaría en convertirse en mí mismo.

Fui llamado por entonces al lugar donde los sueños rondan, y tras ver tantas historias, se me ofreció estar más cerca de lo que jamás hubiese imaginado.

Ardua fue mi elección, aunque ya desde el principio me vi envuelto en un destino que me guiaba hacia la vida. Era mi momento; era mi deber.

Guiado por cuantos seres se cruzaban en mi camino, me reuní con mis hermanos astrales y fui informado sobre lo que había aceptado desde un primer momento.

Conocí a quienes me debían conocer, a aquellos con quienes debía compartir y a quienes debía ayudar y enseñar, así como ellos debían hacerlo también conmigo.

Todo era tan nuevo que comencé a conocer la ilusión a flor de piel... aunque no tenía piel.

Y así fue como, sorpresivamente, me desprendí de cuanto yo era en realidad, y poco a poco me sumergí en una realidad muy diferente a la mía, plena de colores, sentimientos, sensaciones, pensamientos, creencias y acciones que me encaminaban por el sendero más forzoso de la evolución, el más rápido en cuanto a aprendizaje material. Yo, como muchos otros, era un voluntario solicitado a conciencia, para ofrecer ayuda a los entes que habitaban en este mundo.

La Perla Azul... esfera del universo ínfimo de la materia, precioso tesoro del Divino, hogar de todos en el que converge el Todo, vórtice y vértice de la constelación del Centauro, la última esperanza de todas las razas que circundaban la espiral galáctica de Sirio.

Ahí es a donde me dirigía, al sitio del que todos hablaban... y esta vez, yo sería protagonista de una de mis infinitas historias.

La luz se abría ante mis ojos; los angelcanos, con su bella silueta violácea, se acercaban a nosotros para dar forma a nuestras otorgadas almas. Yo jamás había tenido un alma, pues no era más que energía espiritual, jamás había obtenido ningún otro cuerpo etéreo, y estas energías eran puro sentimiento, aquello que nos unía a la materia como los puentes unen las orillas de un enorme río.

Todos, aprovechando las corrientes de energía que había por todos lados, nos impulsamos al mundo. Un mundo que había visto tanto en un corto espacio de tiempo, y que allí pareció ser eterno y devastador. Lo hallé irreconocible, enturbiado, envuelto en brumas y densidad, incluso etérica y lumínica.

Debíamos, por así decirlo, colaborar en la salvación de este mundo, aunque, esa palabra. -salvación- era para mí un modo muy humano y religioso de denominarlo. Más bien, nuestro trabajo consistía en su regeneración, en la ascensión, la purificación de este organismo permitiéndole respirar nuevamente y vivir.

Millones de nosotros nos acercamos, y tras largas charlas con los Grandes, fuimos, definitivamente enviados a la vida.

Comprendí, aprendí, nací, crecí, volví a aprender y seguí haciéndolo día a día, durante el resto de mi vida.

Todo era confuso y turbio, tal y como lo había visto e imaginado. Era brusco y difícil, era cruel, aunque muchas veces, también dulce y agradable.

En lo terrenal, lo mundano, uno confunde las realidades y no sabe diferenciarlas. La memoria no nos permite ser objetivos, y las experiencias nos limitan a la hora de hacer verdaderos juicios. La certeza se pierde, y llega la desesperación a través de la inseguridad y la duda.

Yo no debía enceguecer como todos lo hacían a mi alrededor; tenía que ser fiel a mi labor, como decía aquel contrato hecho tiempo atrás... Dios sabe cuánto tiempo, pues perdí la noción del mismo...

Por todo esto, desde muy joven comencé a intentar recordar de una manera muy humana todo aquello que por ser mi real naturaleza, tenía en el pensamiento. Recordé, pues, anotando, utilizando las palabras y el dibujo, creando oraciones, cuentos, historias y memorias que, al unirse, crearon lo que aquí llaman *libro*.

Los libros que escribía con gran devoción y dedicación, guiado por la intuición, se conformaron como un gran libro en el que volqué todos mis recuerdos.

Desde las escrituras más burdas -por ser un joven animal de razón- hasta aquellas producciones con una intención literaria -que sentía en mi luz interior- escribía para despertar en los demás el recuerdo de los hechos que nos ayudan a ser y que nos hacen ser. Para despertarles, no de una forma explicativa, científica, espiritual o informativa, sino desde el corazón.

Todo es un ciclo que no posee ni uniones, ni cabos, ni fines, ni cortes. Todas las historias, todas las realidades espaciotemporales y todas las realidades espacioatemporales, se enlazan entre sí y se suceden unas a otras sin un preciso orden lógico, simplemente dentro de un orden cósmico, en el cual todo está relacionado con todo, cada hecho, circunstancia, deseo, vida y pensamiento y, por lo tanto, también, todos nosotros.

Esta que presento es la historia de mi historia, dentro de la historia conjunta que todos compartimos.

Por así decirlo, es mi intención narrar lo que es real, el cosmos que conozco, el propio cosmos. Mis textos deben leerse de la misma manera en que yo contaba los cuentos a las almas, en un orden desordenado, en el cual no soy yo quien elige cómo debe verse o tomarse la historia narrada, sino más bien, al leer, uno debe comprender que no hay principio ni fin, sino que la continuidad universal tarde o temprano nos muestra cómo hasta las más mínimas y absurdas palabras adolescentes cobran sentido dentro de este escenario del que todos somos parte importante.

Hoy les hablo en vida, seres de luz, con palabras limitantes, y les digo que mi historia es la suya, que yo vivo lo que ustedes y ustedes lo que yo, en diferentes planos de razón y conciencia, embadurnados de materia.

Mi camino indica que existen múltiples senderos y muestra de una forma muy personal mi verdadera vida, desde lo que recuerda mi enturbiada memoria.

Mis palabras no son solo la intención de mostrarme, sino que también debo intentar mostrarles a ustedes en las diversas realidades, a partir de la mía. Y óiganme, hermanas almas, que bien he dicho que la historia no es historia si ninguno de nosotros somos conscientes de que realizamos todas las acciones interactuando con los demás, y esa es la razón por la que mi historia se halla incompleta, pues falta la suya.

Abro mis brazos a sus palabras, pues también son las mías. Desearía ver que, tras leer mis textos sin necesidad de seguir un orden concreto, o incluso sin siquiera pensar en sus existencias físicas, pudiesen continuar con esta saga a la que llamamos Memoria de Vida.

Es casi un anhelo poseer para la humanidad colosales bibliotecas, archivos donde guardar grandes obras. Para mí, todo es una bella obra, incluso la vida más insulsa o la historia más sencilla y absurda; lo que la hace brillar es la autenticidad, el contar historias adyacentes a las nuestras o que desembocan en las nuestras. Hitos del pasado, del presente o del futuro, que marcan lo que vivimos.

Los invito a narrar, tras mi historia, sus cuentos de vida para, de esta manera, traer desde lo infinito a la materia una gran parte de mi hogar, el gran *campo de los recuerdos* recordando con nuestras propias palabras lo que hacemos y lo que desearíamos hacer en este mundo, a fin de redescubrir y rememorar los tratados perdidos con el paso del tiempo y reencontrarnos con nuestro verdadero camino.

Jamás nadie podrá guiarlos más que ustedes mismos; yo simplemente me limito a colocar una de esas piezas de la gran Historia, que es interminable, infinita y regenerativa.

Nosotros sabemos quiénes somos, por qué nacimos y a dónde deseamos ir, y solo escribiéndolo, cantándolo o pintándolo somos capaces de vernos a nosotros mismos.

Somos todos trabajadores de la Luz, pues somos luz. Somos Uno con el Todo, sin más intermediarios que nuestro Supremo Yo y sin más obstáculos que nuestras propias negaciones. Hagamos luz en el mundo, trayendo a la memoria y plasmando lo que nos aferra a la materia o anhelamos de ella, con tal de crear un camino conjunto, un gran libro que sea el de todos. Sin importar que se trate de una breve novela o una gran saga, se trata de nuestras ventanas y puertas a la realidad, nuestra realidad interna, que nos liberará y nos dejará ser... Esa, y ninguna otra, es la manera en la que encontraremos nuestro camino y nos permitiremos ascender.

Vinimos a crear un nuevo mundo, hermanas almas, y por más confusas que nos encontremos, por más insulsa que sea nuestra historia o nuestra acción, no debemos dejar de creer en nosotros y seguir adelante. Juntos crearemos esta historia.

Ustedes, todos nosotros juntos, crearemos esta gran historia, que en cada inspirar y exhalar del gran Ser Universal continuará eternamente... por siempre.

Ghan Arsayan

PREFACIO

"Nosce te ipsum et noscerat Universum"

Conocernos a nosotros mismos nos hará conocer el universo; esta inscripción, que figuraba en el templo del Oráculo de Delfos, refleja la sabiduría de los antiguos. Mi idea con este pequeño libro de bolsillo es ayudarles a hacer ese trabajo, pero a la inversa: conocer el universo, para conocernos a nosotros mismos.

La ciencia y la religión se han dedicado a buscar fuera, en el universo o en Dios, todas las respuestas posibles para entender la existencia. Sin embargo, se han olvidado de que ese gran Ser al que tantos buscan solo puede ser encontrado observando en nuestro interior.

Dios no es más que nosotros mismos, pero en completo, y el universo no es más que nuestro cuerpo, pero en gigantesco.

En este libro analizaremos las bases de este enorme Ser, entendiéndolo a él a través de lo que somos nosotros, desde el espíritu, el alma y el cuerpo. Observaremos la creación de este Ser al que llamamos Dios hasta su extensión como ser complejo, denso, así como las finalidades de sus creaciones, buscando nuestras raíces a través del entendimiento de las suyas.

Los invito a realizar este viaje por el gran cuerpo y espíritu del Padre y Madre de todo lo que conocemos.

"...y Dios dijo..."

Matías G. De Stefano

Capítulo 1

LA CREACIÓN
DEL UNIVERSO

"En el principio era el verbo…
Y Dios dijo: ¡hágase la luz! Y la luz se hizo…
…y el verbo se hizo carne…"

Para entender el universo, debemos primero entender lo que había antes de su existencia:

La Nada

Tanto las ciencias como las religiones han nombrado a la Nada para entender el origen de Dios. Es denominada así por el simple hecho de que nadie comprende lo que realmente es... *La Nada es más que la Totalidad misma*. Imaginemos lo siguiente: un niño está jugando con diferentes objetos dentro de una habitación. Ese niño sería Dios, y la habitación, la Nada. Ella engloba a Dios, lo contiene, le da espacio, aire, vida, protección. Todas las cosas que existen nacen de la Nada y tienden a volver a ella. La imagen más clara y visible es un fenómeno muy estudiado por los científicos: el *agujero negro*. Parece un vacío en medio de la luz, pero en realidad es la aglomeración de esa luz, cuanta más densidad de luz hay más grande es este agujero. Todo aquello que circula en la materia, con el transcurrir de los milenios vuelve hacia la luz, y una vez que volvió a la máxima luz pura, se integra en la Totalidad a través de esta "Nada".

¿Cómo origina la Nada todo lo que existe?

SONIDO, LUZ Y FORMA

Nadie sabe muy bien cómo ni por qué, pero lo que sí sabemos es que la Nada se movió a sí misma, generando una vibración que llenó todo el espacio. Esa vibración fue lo primero que surgió y lo llenó por completo, hasta el punto de que su eco resuena aún en todas las cosas: es el famoso sonido OM (AUM). Al llenar el espacio, su vibración alteró a toda la Nada, compactándola en el centro con su eco, a gran velocidad. Este sonido colisionó consigo mismo, y elevó su vibración hasta tal punto que provocó chispazos. De ahí *"el verbo creó la Luz"*... Esta luz se reflejó a lo largo del espacio, chocando contra las paredes cósmicas*, esto es, contra la contención de fuerza magnética generada por la Nada. En esas paredes la Luz se reflejó, una y otra vez, dando forma a su velocidad, hasta el punto en que comenzaron a surgir las primeras manifestaciones, las primeras formas, también conocidas como las bases de la *Geometría Sagrada**.

Ésta es la Sagrada Trinidad, representada en nuestra cultura cristiana por el Padre, el Hijo y el Espíritu Santo. En realidad, en su origen, el Espíritu Santo no se tomaba en cuenta, ya que este era el que englobaba a la misma Trinidad. Los componentes reales de la Santa Trinidad son *el Padre, la Madre* y *el Hijo,* tres palabras muy humanas y emocionales. El Padre es la fuerza generativa, la Madre es la formación de esa generación y el Hijo, lo manifestado. Pero obviamente no había un Padre, ni una Madre, ni tuvieron un Hijo... sino un Sonido, una Luz y una Forma.

¿Por qué se generan estos tres principios universales?

EL DIOS NIÑO

En la mitología angelical, se dice que el origen del universo, el comienzo de Dios como entidad, es similar al comienzo de cualquier ente universal. Así, Dios es como un niño que acaba de nacer. Para él, su sonido fue una forma de redescubrirse, algo que le llamó a la búsqueda de su propio ser a través de la experimentación. ¿Cómo conoce un niño el entorno y la vida en los que ha nacido? Lo primero que hará será tocarse... tocarse todo el cuerpo, descubriéndolo todo. Dios hizo lo mismo: empezó a conocerse, y fue así como comenzó a moverse, activando cada parte de su ser, descubriendo cada sector de su cuerpo. Así como un niño se investiga a sí mismo para entenderse como persona, durante los primeros tiempos del universo, éste ente se descubría a sí mismo como Dios. Cuando su Trinidad estuvo conformada, experimentada y consciente, comenzó un nuevo trabajo para este gran ser: guiar a las luces que lo forman a entenderse como dioses para que así puedan ayudarle a él a completar su iniciación.

¿Qué nos diferencia a nosotros de Dios?

La mayor diferencia que tenemos con él es que su autodescubrimiento comenzó mediante una profunda *meditación,* mientras que nosotros iniciamos este proceso a través de la *acción.* Lo que nos une a Él es que ambos nos necesitamos para seguir en el camino que marca la Nada: nosotros precisamos de guía y contención para entender, descubrirnos y ser, y Él necesita de nosotros para experimentarse desde su interior (todo lo que conocemos), para integrarlo y seguir en su camino de evolución.

¿Qué nos hace iguales a Dios?

EL CUERPO DEL UNIVERSO: *GADAPE**

Desde que se genera su sonido, el universo empieza a diferenciarse de acuerdo con sus diversas vibraciones.

Al dividirlas, comienza a comprenderse mejor, observándose parte por parte. Se conforman gigantescas supernovas etéricas, incalculables para la ciencia e inimaginables para un artista, las cuales unifican en sí mismas y a su alrededor las diferentes esencias que vibran en sintonía con ellas, según la vibración de cada nivel universal. Estas supernovas son los siete soles básicos que lo formaron todo. Desde el mismo momento en que su sonido nos envolvió, nos generó y aún hoy nos mantiene existiendo, todo lo que a partir de él se formó se esquematizó de la misma manera.

Gracias a esto todos los seres que existirían posteriormente reconocerían la divinidad primaria en cualquier sitio y en cualquier cosa. Dios puso en cada una de sus partes a toda su totalidad. Así, tanto una galaxia como una célula poseerían el mismo esquema que Él. Su gran eco conformó todo lo que existe, y de ese modo su vibración, que son nuestras formas y existencias, sabría qué camino seguir.

"Dios nos hizo a su imagen y semejanza". Este es el motivo por el que no hace falta buscar a Dios en los Cielos, pues tenemos su esquema dentro de nosotros mismos. Nuestro cuerpo es una réplica del suyo: sus supernovas son nuestros órganos; sus luces irradiando, nuestros chakras; nuestros

nervios son los campos de información; los glóbulos rojos, las almas; los glóbulos blancos, los seres de luz; la piel, las constelaciones, y así eternamente.

De la misma manera, podemos observar su composición en tres niveles, que para nosotros son: el *primero,* nuestra cabeza y nuestro cuello, con sus chakras tercer ojo y laríngeo; el *segundo,* nuestro pecho y nuestro estómago, con sus chakras corazón y plexo solar, y el *tercero,* los riñones, los genitales y las piernas, con los chakras sacro y raíz.

En el cuerpo de Dios, serían los siguientes:

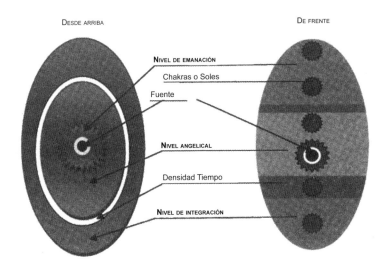

El primer nivel que se genera es el *nivel de emanación;* en él se proyectarán todas las esencias y geometrías que supondrán el esquema del resto de las manifestaciones más densas del universo. Es un nivel superior de vibración, de pureza, al que solo seres muy elevados pueden llegar, seres como los querubines*.

Luego se genera el *nivel angelical;* en él se darán las manifestaciones ya conformadas a nivel etérico* y álmico*, como arcángeles, ángeles, potestades, principados, elementales*, devas*, sabios, crísticos y demás jerarquías.

Una vez que ellos están conformados, el propio magnetismo del universo crea una barrera densa que separa al siguiente nivel, el *nivel de integración,* el cual se encuentra tras la barrera del tiempo.

El *tiempo* no es un ser que calcula las cosas que suceden, sino un ser que corroe la Materia. Su función es ayudar a que los seres del nivel angelical experimenten los diferentes grados vibratorios de la luz (como la materia), y les pone plazos en los que con su experiencia deben descubrir la luz y entender el por qué de cada nivel existente, viviéndolo. Por eso mismo, el nivel de integración se vale exclusivamente del tiempo, por más que él mismo se dé en diferentes grados, ya que en este nivel, los seres integrarán a través de la práctica todo lo que existe en el cuerpo de Dios.

¿Qué divide o diferencia un nivel de otro?

LAS DIMENSIONES

Las famosas dimensiones son los diferentes grados de vibración que existen en el universo. Todas ellas están compuestas exactamente de lo mismo que todo lo que existe: luz, sonido y forma. En su base esencial, todas son lo mismo; lo único que las diferencia es la manera en que vibra la esencia.

Hay unas veintidós dimensiones básicas, por más que se dupliquen una y otra vez, generando los reconocidos universos paralelos.

De estas dimensiones, nos deben interesar aquellas en las que nosotros nos movemos:

- *La primera dimensión:* es el punto inercial, la fuente de la manifestación (como el *prana* o la luz solar).
- *La segunda dimensión:* es la proyección de esa inercia (luz y sombras).
- *La tercera dimensión:* es la formación geométrica de las proyecciones (la materia).
- *La cuarta dimensión:* la forma en el no-tiempo y el no-espacio (arquetipos, elementales).
- *La quinta dimensión:* es la esencia de esas formas (maestros ascendidos).
- *La sexta dimensión:* es la capacidad de modificación de esa esencia de formación (geometría sagrada).
- *La séptima dimensión:* es la misma luz de las formas físicas (sabios y guías).
- *La octava dimensión:* es la organización y los patrones de esa luz (federación galáctica).
- *La novena dimensión:* la esencia de la creación (centros galácticos).

A partir de la séptima dimensión, se mueven los niveles Crísticos. La undécima es un nivel de transición, como el flujo de información no temporal ni espacial que conecta el nivel angelical con el nivel de integración.

No debemos preocuparnos por subir de dimensión, pues el universo no es un edificio con escalones, sino una misma habitación donde están todas las cosas; la única diferencia entre todos los que habitan esta habitación radica en la capacidad de ver, percibir o vivir una u otra circunstancia de ese mismo espacio.

¿Cuál es la esencia que lo compone todo y que vibra en diferentes sintonías?

CALIENTE Y FRÍO

En el nivel en el que yo me movía, alrededor de la undécima dimensión (recordemos que no es ni superior ni inferior, solo diferente), la percepción de Dios no se da a través de conceptos paternalistas, humanos o emocionales, sino a través de dos esencias de movimiento: la vibración Caliente y la vibración Fría.

La primera surgió en el mismo momento que la luz. La presión generada por las explosiones de luz fue tan poderosa que generó roce entre las partículas luminosas, que vibraron como un fuego espiral y en expansión que elevó la temperatura de todo lo que la luz tocaba. Este calor fue el causante de que todo el universo comenzase a movilizarse. Hizo que las partículas se uniesen y se dilatasen, rozando entre sí, lo que causó el primer *magnetismo* conocido. Cuando la luz empezó a reflectarse y a generar las formas, toda esta energía caliente tuvo una dirección específica a la cual dirigirse, y por ello su vibración comenzó a armonizarse. Esto hizo que todo se enfriase más, surgiendo así otra vibración.

La vibración fría organizó al electromagnetismo en diversos patrones, conocidos como la *Geometría Sagrada*. Cuando las formas fueron acumulándose, y de estar en el nivel de Emanación bajaron al Angelical, se formaron las primeras esencias álmicas, los cúmulos de almas que rodean como células o placentas a la Fuente Universal, y que llevaban incorporadas en sí mismas esas dos esencias que llevarían a lo largo y ancho de todo el universo aquellas chispas divinas de la luz. Pero las almas comprendían esta vibración de calor y frío de otra manera, y por ese motivo formaron conjuntos y jerarquías basados en los patrones de organización de lo frío y lo caliente, comprendiéndolos de manera emocional y espiritual. Así aparecieron los primeros Crísticos provenientes del Calor, y los primeros Sabios provenientes del Frío. El siguiente es el esquema de la generación universal:

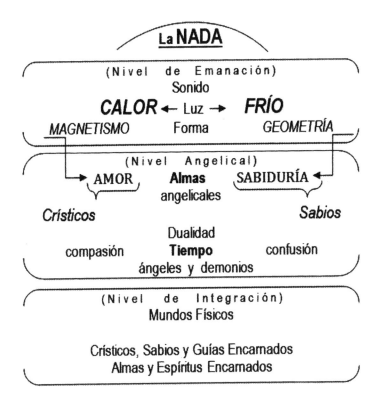

Los *Crísticos,* seres de la vibración del Calor, se han dedicado a fecundar con luz pura a los mundos que se han alejado demasiado de la Fuente Divina (o plexo solar de Dios); ayudan a las almas que han encarnado o que vagan por el Universo a encontrar su camino a través de la Verdad y el Propósito. Ellos siempre han trabajado con el Amor incondicional como herramienta principal.

Por otro lado, los *Sabios* son los seres que organizan los propósitos, les dan sentido, los administran, dan información, ponen plazos y esquemas a las realidades. Ellos utilizan la Sabiduría para ayudar a comprender la Verdad.

Ambos se encuentran en un mismo nivel y por lo tanto se mezclan entre sí. Por este motivo existen las jerarquías de los Crísticos y los Amorosos Sabios. Estas mismas relaciones, también se dan en otros niveles, como planteamientos para permitir que las maneras de aprendizaje y evolución puedan ir variando y diversificándose de acuerdo con todos los patrones. Debido a esto, algunos sabios decidieron el camino de la confusión para probar la integridad de los seres encarnados, mientras que los Crísticos utilizaron el Sacrificio. Esto provocó disputas entre los seres supremos.

¿Qué ocasionó esta discrepancia de opiniones?

LA SANTA GUERRA

Uno de los grandes entes de la Luz, un Sabio, observó que los mundos crísticos no avanzaban tan rápidamente como algunos sabios habían previsto, y por eso decidió poner trabas en su camino para comprobar si se daban cuenta de que, en realidad, habían olvidado su propósito. Al ver que en los mundos físicos, los crísticos se tomaban todo el tiempo necesario para realizar sus labores, y muchos incluso se olvidaban de las mismas, fue agregando dificultades y poniendo plazos cada vez más marcados y fuertes. Esto generó un debate entre Sabios y Crísticos, el cual ocasionó la primera dualidad en el Universo.

Cada uno eligió su lugar y su grupo. Esta historia, que se remonta a tiempos inmemoriales, afectó al resto de los seres que vivían en la neutralidad, a los angelicales.

Debido a que este sabio había creado una nueva forma de ayudar en la evolución, debía separarse de la neutralidad y ser algo distinto. Por eso, apeló a lo opuesto a su ser… y transformó su luz en sombras. Este ser es conocido como *Lucifer,* aunque posee millones de nombres. Para generar su propio grupo de trabajadores, ya no de luz, sino de oscuridad, tomó a un gran grupo de angelicales y los adoctrinó en una nueva forma de evolucionar.

Todos ellos se organizaron y comenzaron a invadir los mundos físicos, apresurando el proceso de tal manera que muchos crísticos, sabios y almas resultaron fuertemente perjudicados en su ser, quedando atrapados en una nueva densidad, una densidad correspondiente a la cuarta dimensión, un lugar donde se acumularon todos los traumas generados en aquellos tiempos: los famosos infiernos.

Los *infiernos* son otra de las dimensiones existentes, uno de los rincones más oscuros, sucios y confusos de aquella habitación que compartimos, un lugar que atrae a las personas que sienten en su interior lo mismo que hay allí.

Pronto, otro sabio, Mikhaël, se opuso a lo que estaba sucediendo, y preparó a millones de angelicales para que se convirtiesen en ángeles, el *Ejército de Dios*. Fue así como comenzó una batalla, la batalla más nombrada de la historia de todos los mundos y galaxias.

Su finalidad fue impedir que los oscuros ingresaran en los mundos físicos y los devastaran, manteniendo a los encarnados en la neutralidad.

Así, los ángeles son los encargados de custodiar a quienes hacen el trabajo en la vida física.

Los *demonios* son los encargados de recordarnos a qué vinimos, aunque de una manera oscura y cruel,

Los *crísticos* nos anuncian los cambios y nos guían en ellos.

Y los *sabios* son los encargados de informarnos y organizarnos en nuestro propósito.

Desde entonces la guerra santa no nos afecta en los mundos físicos, pero sí al morir, ya que los infiernos se han convertido en el filtro que separa las almas livianas de las pesadas. Muchos hemos nacido en los mundos para seguir el propósito de la luz, con los mandatos de los ángeles y los crísticos.

Una vez que todos estos sistemas terminaron por ubicarse y organizarse dentro del gran Ser, el Universo tomó la forma actual que conocemos.

Capítulo 2

ATER TUMTI

"Dhu Ater Tumti kei dhu Urnus Aterti"

*"Lleven el Cielo a la Tierra,
y luego traigan su luz al Cielo"*

EL PLAN UNIVERSAL

ATER TUMTI

El primer plan se basó en traer el Cielo a la Tierra. Como conté antes, lo que comenzó con la formación del Universo programó todas las existencias de acuerdo a las bases primeras. Por eso todo lo de arriba fue igual abajo y todo es una réplica de un plan mayor. El proceso de "el Cielo en la Tierra" se remonta a los primeros espíritus que comenzaron a encarnar para traer la Luz y sus sistemas de la Fuente a la materia.

¿Cuál es su finalidad?

TUM ATERTI

La materia es luz densificada, luz que permite experimentar la diversidad de formaciones a las almas y espíritus. Una vez que culmina su fase de densificación, los mismos espíritus deben hacer fuerza con su presencia para sutilizar este mundo. El proceso es semejante a un conductor que va acelerando y alejándose de su hogar, pero cuando ve que el velocímetro salta por los aires, aprieta el freno y pone marcha atrás para volver a casa. Ese es el proceso de iluminación de un mundo físico, es decir, llevar la luz "de la Tierra al Cielo". Así, la luz que una vez se densificó para ayudar a experimentar el universo, vuelve a la luz en un proceso que puede denominarse *de purga y ascensión*.

¿Cómo funciona este proceso?

LAS ENCARNACIONES

El sistema de encarnaciones fue generado por las entidades universales para permitir a los espíritus transitar por las diferentes dimensiones, de las más sutiles a las más densas, y viceversa. Este sistema ayuda a los entes del universo a cumplir una doble función: *experimentar el universo en todos sus aspectos* y, a la vez, *ayudar a iluminar la luz densificada* (cuerpos, planetas, etc.).

Este es un sistema de aprendizaje que consta de tres fases: el servicio, la misión y el descubrimiento. La idea de las encarnaciones es la de poder experimentar la mayor cantidad de existencias posibles, desde las más sutiles hasta las más oscuras, pasando por gases, animales, humanos, extraterrestres, ángeles, demonios, planetas, etc.

En tanto venimos desde "el Cielo" hacia "la Tierra", cumplimos con el proceso de aprendizaje, entendimiento y experimentación de lo que existe, dentro del *nivel de integración* -nunca mejor dicho, ya que es donde tenemos como finalidad *integrarlo todo* dentro de nuestro propio ser-. Una vez hecho esto, comienza nuestro servicio: devolver "la Tierra" a "los Cielos", proceso que consiste en purificar la materia, comprender y recordar por qué estamos allí, expandir nuestra conciencia, buscarnos a nosotros mismos, y así comenzar a iluminar al mundo a través de nuestro ser, para ayudar a todo lo que nos rodea a ascender físicamente hacia la Luz.

¿Cómo hacen los seres para densificar la luz aprendiendo y luego sutilizarla?

La alimentación

Es necesario entender para qué existe el sistema de la alimentación: un mundo físico que debe evolucionar necesita de diferentes seres que le ayuden a realizar su proceso de densificación de la luz, de experimentación de la luz, y luego, el proceso de su sutilización para la ascensión. Por ese motivo los planetas demandan al nacer la presencia de los cuatro elementos, los seres elementales que dan fuerza a su piel: *Tierra, Fuego, Agua* y *Aire,* en ese orden. Una vez que el aire -o los gases- generó el manto que da cobijo al mundo, necesitó de otros seres elementales que comenzasen a traer la luz de las estrellas para alimentarse y retenerla en su centro. Es así como son llamadas las almas que dan forma a los minerales, cristales y rocas, cuya función es anclar la luz en los abismos del mundo. Pronto, éste necesita que alguien extienda la luz hacia el centro y hacia los gases, purificándolos con la luz divina. De esa manera, los microorganismos generados por los minerales comenzaron a canalizar la luz, y se convirtieron rápidamente en **vegetales.** Algunos vegetales, siendo ya árboles, empezaron una guerra por la luz, en la que unos a otros se robaban la luz. Así nacieron algunos que, en lugar de canalizarla directamente desde el sol, comenzaron a comerse a los otros árboles. De esta forma aparecieron los primeros depredadores, los *herbívoros.* Cada vez nacieron más almas buscando la luz y ayudando al mundo a canalizarla, pero en lugar de respirarla, decidieron comerse a los herbívoros, y así surgieron los *carnívoros.* De esta manera, apareció la famosa *cadena alimenticia,* que culmina con nosotros, los mayores depredadores. ¿Por qué? Porque hasta hace unos siglos, la humanidad fue llamada a existir para bajar luz del sol, densificarla y canalizarla para el planeta, pero de *manera consciente.* Los humanos olvidaron el sentido de la alimentación y depredaron, devastando el planeta. Ahora, la Tierra ha llegado a su límite de densificación, y ha comenzado el proceso de ascensión. Es por esto que la humanidad debe comenzar a soltar la luz densa, y poco a poco volver a canalizar la luz a través de la respiración. Así, el proceso ha de hacerse a la inversa: ir dejando la alimentación pesada, ayudando con la limpieza del cuerpo, dejando progresiva y conscientemente la alimentación carnívora, luego la herbívora y, más adelante, la mineral. Y este es el motivo por el que la alimentación es la base de todo proceso de densificación y de ascensión.

¿Cómo trajo conscientemente el ser humano la luz al planeta para densificarla?

PIRÁMIDES Y ANTIGUAS CIVILIZACIONES

El ser humano -creación extraterrestre a partir de diversas genéticas estelares y homínidas, guiada por el plan angelical y celestial del Universo-, a diferencia de los árboles -que canalizan la luz por su respiración fotosintética- o a diferencia de los animales -que lo hacen por la alimentación, la actividad y las emociones-, canaliza la luz de todas las maneras anteriores, sumándoles ahora la *consciente*. La manera en que esto se hizo fue bajando los prototipos celestiales de organización -economía, política, religión-, pero sobre todo a través de la densificación de las formas de Dios: la Geometría Sagrada, con su Luz, Sonido y Forma, es decir, lo que aquí se ha conocido como el *Arte* y la *Arquitectura*. El arte del habla, la literatura, el teatro, la música y la pintura son las formas mediante las cuales el humano canalizó esta luz a través de su ser, pero su capacidad llegó incluso a permitirle construir máquinas arquitectónicas capaces de imitar a las formas divinas, al tiempo que canalizaban físicamente la luz estelar hacia el centro de la Tierra: las pirámides. Éstas, junto con los obeliscos, son las bases de la canalización consciente de la luz.

¿Quiénes son esos extraterrestres que nos han ayudado?

EL PLAN GALÁCTICO

La Confederación Galáctica

Una confederación es un conjunto de naciones que se reúnen para debatir sobre sus objetivos y sobre los procesos que deben seguir en común para la manutención del orden. A nivel galáctico, también tenemos una confederación, compuesta por seres que viven en diferentes dimensiones, en diversos planetas y soles. Muchos de ellos están estrechamente relacionados, por su sutilidad, con los niveles angelicales, crísticos y sabios, del Universo, y a su vez, con los seres más densos de la galaxia, como nosotros.

Esta confederación está compuesta por diversos planetas de diferentes constelaciones. Entre sus componentes están las civilizaciones naturales de *Sirio, Las Pléyades, Arcturus, Vega y Orión,* que formaron las bases de las distintas humanidades y nos han guiado a lo largo de nuestro proceso evolutivo y todavía lo siguen haciendo.

La Confederación Galáctica es el puente entre dos planos, y permite que los propósitos del Supremo se cumplan en los planes planetarios. El *Universo* tiene un Plan: *experimentar y unificar, exhalar e inspirar... y* cada uno de los *planetas* tiene otro, *de acuerdo con sus particulares aprendizajes... y* su nexo es el Plan Galáctico, que tiene como finalidad *procurar el orden y la dirección correcta de los planes planetarios*; asegurándose de que el plan universal se cumpla a su debido tiempo en los mundos en evolución.

Por eso la Confederación Galáctica está presente en cada uno de los pasos y procesos, no solo de nuestro planeta, sino también de todos los demás. En nuestro caso nos ayuda a nosotros a ayudar a la Tierra a integrarse como un ser ascendido junto con el Sol.

¿Quiénes hacen que el plan se cumpla?

LA JUNTA DE LOS TRECE

Esta junta está formada por los seres custodios de los sectores universales, que dirigen desde el plano etérico todo proceso que ocurre en todos los planetas. Con la presión de su luz física, modifican y estructuran los caminos de cada individuo o cada mundo, de acuerdo con el Plan divino o galáctico. Estos trece seres, que organizan nuestro sector galáctico, son las famosas doce constelaciones y nuestro Sol.

Si esto es así, ¿existe la libertad de elección?

El Libre Albedrío

Este concepto es entendido en el universo como *Aleaciones de posibilidades dentro del Plan*, es decir, todos los espíritus fluyen en la esencia y viven la esencia sin cuestionarla, hasta el momento en que adquieren un alma o cuerpo emocional, que los confunde. Este cuerpo álmico ayuda a la toma de decisiones individuales. El espíritu sabe lo que tiene que hacer, y lo hará de una u otra forma. El alma es quien elige esa forma. Esto se conoce como "contrato celestial", es decir, el pacto que se hace antes de nacer en cada vida, en el cual las almas, los guías y los maestros debaten sobre lo que es mejor o peor para realizar un servicio o adquirir un aprendizaje, aunque es el alma la que decide si desea hacerlo o no en ese momento. La libertad, pues, radica en la elección de *cómo, cuándo, con quién* y *dónde,* pero muy pocas veces del *qué,* ya que éste se encuentra preestablecido por el espíritu. A pesar de elegir esto antes de nacer, cuando uno ha "firmado" este contrato, la Junta de los Trece dispone las reglas del mismo, y por ese motivo al nacer, le llamamos "destino" a aquello que sucede irremediablemente, con independencia de nuestra elección. Lo que no sabemos es que eso que sucede ha sido nuestra elección. El alma, sabiamente, tiene el conocimiento de que el ser humano o cualquier ser vivo, suele negarse a cumplir sus deberes, y por eso se ata a ellos al nacer para no olvidarse nunca. No obstante, todos los humanos tienen la posibilidad de replantearse en vida estos pactos, alrededor de los cincuenta y dos años de edad.

¿Cuál es el proceso actual de nuestra galaxia?

Capítulo 3

2012
...EL AMANECER GALÁCTICO...

Bienaventurado el que lee, y los que oyen la palabra de esta profecía y guardan las cosas en ella escritas; porque el tiempo está cerca...

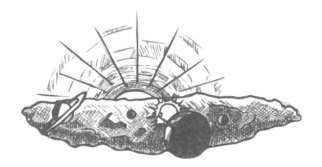

Más allá de las confusas metáforas de la Biblia y del afán de los hombres de la historia por dominar a sus semejantes a través del miedo, los mensajes codificados de los libros antiguos hablan sobre los hechos que van a suceder. Mas no lo hacen a través de simples visionarios del futuro, sino mediante fieles recordadores de la historia. Todos los sabios sabían que la historia volvería a repetirse, por ello muchos se dedicaron a escribir, pintar, esculpir o construir mensajes codificados sobre estos ciclos, con el fin de que perdurasen a lo largo de las culturas, las guerras y las creencias, y así recordasen a los humanos el proceso universal en el que nos encontramos.

¿A qué se refieren los códigos de los antiguos sabios?

HUNAB KU*: EL AMANECER DEL SOL CENTRAL

Así como toda la existencia gira alrededor de la Fuente Universal, todas las estrellas, constelaciones y sistemas solares que podemos observar en una noche muy clara a lo largo de la *Vía Láctea* (nuestra galaxia) giran alrededor del gran centro de la galaxia.

Siguiendo este ciclo, un gran cúmulo de sistemas solares y planetarios se mueven a lo largo de las trece constelaciones. Sus soles se mueven en una espiral generada por la estrella *Alcione,* la estrella central de las Pléyades. Alrededor de ella, se desplaza la gigantesca Sirio, a su alrededor, nuestro famoso Sol, y allí, nosotros alrededor de él. Esta perfecta elipse cíclica mueve a toda la galaxia en concordancia con todo el Universo. Desde el centro de la Tierra, en la primera dimensión, hasta el centro de la galaxia, en la novena, se mueven todas las estructuras espirituales, cósmicas y federativas que organizan el sistema y los planes de esta galaxia.

Alcione marca los períodos en que los sistemas solares deben realizar sus procesos. El nuestro, regido por el Sol, tiene un período de veintiséis mil años aproximadamente para cumplir con sus debidos aprendizajes. Cuando transcurren estos años, el sistema entero comienza nuevamente a alinearse con esa gran estrella central, lo que nos pone de lleno en su luz, conocida actualmente como *"el cinturón de fotones*"*.

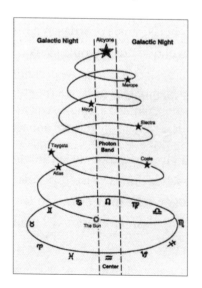

Nuestro Sol, y por ende todos los planetas que giran a su alrededor, ingresó en este cinturón en el año 1987 de nuestra era.

¿Qué sucedió en ese año?

A partir de ese año, la tercera dimensión comenzó a elevar su vibración a causa de este electromagnetismo proveniente de Alcione y Sirio, comenzando poco a poco la cuarta dimensión, en la que se corren los velos de densidad de la Tierra, proceso conocido con el nombre de *Convergencia Armónica*. Todo lo que hay dentro y encima de ella comenzó a prepararse para forjar una *Nueva Era:* en los próximos dos mil años, nuestro sistema estará transitando por el flujo fotónico de luz, coincidiendo con el paso de nuestro Sol por delante de la constelación de Acuario.

El Comienzo de la Era de Acuario

Esta nueva era traerá un alza de vibración a todos los planetas y al mismo Sol, lo que elevará a los mundos conocidos, de la tercera a la cuarta dimensión, comenzando a comprender la quinta.

La alteración que produce la luz de Alcione, a través de la búsqueda interna e individual, genera lo que se conoce como el *despertar de la conciencia*, junto al reconocimiento del universo, propiciado por la constelación de Acuario.

Este proceso ocurrirá durante los próximos doscientos años, desde 1987 hasta 2180 aproximadamente. Pero el amanecer directo, el momento de alineación con el cinturón, se dará precisamente el *21 de diciembre de 2012.*

Esta fecha es, en el plano solar, el equivalente a lo que para la Tierra es un equinoccio de primavera. A medida que se acerca, empiezan a producirse transformaciones: tormentas solares, cambio de conciencia, cambio climático, rotación de los polos, nacimiento de nuevas personas alineadas con el Sol central de la galaxia, etc.

Recordemos que en este proceso, nuestro planeta y nuestro Sol comenzarán a vibrar de manera diferente, pero eso no significa que ha llegado el final, sino *un nuevo comienzo.*

¿Qué es entonces el apocalipsis?

APOCALIPSIS

Esta palabra procede del griego, y significa *revelación.* En la Biblia es descrito por Juan como algo tenebroso y macabro, pero no es un final. En realidad es una confusa explicación de los acontecimientos que posiblemente sucedan durante la alineación del sistema solar. Muchos lo vivirán catastróficamente, ya que movilizará a todo el planeta, pero otros lo harán como lo más esperado, como la primavera, el amanecer, el cambio, como el siguiente paso hacia la ascensión, hacia el regreso a *Casa.*

¿Por qué decidimos nacer en estos tiempos?

Todos los seres —y no solo humanos—, que dependemos de la evolución actual de la Tierra hemos elegido estar en estos tiempos debido a que vivir un proceso de transición como este nos ayuda muchísimo en nuestro crecimiento individual como universos en potencia. Es en estos tiempos cuando nos ponemos a prueba sobre todo lo que hemos experimentado; es ahora cuando convergen todas nuestras vidas de estos últimos veintiséis mil años, y cuando se nos expone a los cambios que necesitamos para ayudar a un ser mucho más grande a evolucionar. Mientras más nos adaptemos a estos cambios, más rápido nos integraremos y estaremos alineados con el Plan Divino.

¿Cómo me preparo para esos cambios?

SER ÁRBOLES

La base de toda preparación es imitar a los árboles: paciencia, respeto, unión con el centro de la Tierra y conexión con la luz del Cielo.

Las bases para estos tiempos son:

* Individualidad.
* Permitirse sentir todo.
* Estar firmemente conectado a la Tierra.
* Respiración profunda y abdominal (comer luz).

También debemos prepararnos para los próximos cambios sociales. Tras el golpe electromagnético de Alcione y Sirio, nuestra sociedad puede retroceder a una pequeña Edad Media, por lo cual tendremos que estar atentos a la historia para no repetir los mismos errores que nuestros ancestros.

¿Cómo afecta al Universo, o a Dios, lo que sucede aquí en la Tierra?

CAUSA-EFECTO

Todo está relacionado, y todo depende de todo: hasta nuestras más absurdas decisiones pueden afectar a situaciones que tengan lugar a miles de años luz. El proceso que está por vivir la Tierra es similar al de un órgano de nuestro cuerpo sanándose: se pueden producir complicaciones en la curación, pero debemos recordar que la enfermedad, en realidad, es parte de la cura. Si este órgano del universo falla, se verán afectados millones de mundos y estrellas, e incluso el nivel angelical. Es por eso por lo que sobre la Tierra, como sobre cualquier mundo, recae una profunda responsabilidad, que, en estos momentos, es la de cada uno de nosotros. Nuestro cambio, o nuestra adaptación al cambio, puede marcar una profunda diferencia en toda la galaxia.

Recordemos: nosotros somos Dios en miniatura; por lo tanto, así como una pequeña célula enferma de nuestro cuerpo, puede ocasionarnos un cáncer mortal, un planeta enfermo puede causar la misma suerte para todo el Universo.

Capítulo 4

PREGUNTAS FRECUENTES

"Las respuestas a tus preguntas están frente a tus ojos… solo debes cerrarlos para poderlas ver"

¿Qué son los Registros de Información General?

En la Tierra son conocidos como *Registros Akáshicos**, es decir, los registros de información donde fluyen todas las cosas. Yo los denomino, en sayónico*, como *Thamthiorgah*, aunque también, en varios escritos, los he llamado *Matriz*. Es un campo en el que se mueven las informaciones de todos los hechos y existencias que se desarrollan en el universo. Es a esta matriz a la que recurrimos en búsqueda de nuestra información; es la dimensión en la que realizamos nuestro juicio de valores ("Juicio Final"), es la Gran Biblioteca, también comparable a nuestro sistema nervioso pero a nivel universal. Todos podemos recurrir a la información de esta especie de Internet cósmica, siempre y cuando ingresemos a nuestros registros personales dentro de nuestro cuerpo, ya que se nos ponen ciertas reglas para entrar a los generales. Estos registros contienen en sí los patrones del Todo, y por eso la Matriz también constituye la formación de las realidades que conocemos y las que desconocemos.

¿Qué es el ego?

Ego en latín significa YO. El ego es importante para la conexión espíritu-alma-cuerpo, ya que forma nuestra personalidad y nuestra estabilidad individual. No obstante, suele fortalecerse con las ideas confusas de la gente, lo que genera el *egoísmo* -movimiento del yo hacia el exterior, que molesta a otros- o el *egocentrismo* -concentración en el yo, perjudicando a los demás-. Es importante recalcar que el ego es un concepto necesario para la encarnación, aunque innecesario para la ascensión. Por ello, en cuanto uno comienza con un camino espiritual, el ego debe ser equilibrado hasta el punto en que ya no sea necesario. En ese momento el espíritu, ya no el alma, obtendrá el control total.

También se conoce al ego espiritual como el Y*o Superior.*

¿Qué significa ascender?

Como decía antes, ascender es el proceso de ayudar a la materia a sutilizarse, una vez cumplida la densificación que nos ayudó a experimentar. Esta ascensión procura que la materia vaya cambiando poco a poco de dimensión, normalmente de la tercera hacia la séptima, nivel en que la materia ya no es densificable. Su finalidad no es llevarnos a la felicidad, liberándonos del sufrimiento, y hacer que obtengamos sabiduría y amor incondicional, sino que a través del amor incondicional, llevemos a la materia a donde pertenece, a la Luz Pura, agradeciéndole la sabiduría y la experiencia ofrecida, viajando todos juntos hacia la integración total.

Recordemos: el objetivo de los seres no es ser felices. La felicidad es un estado que solo se percibe y se vive en el camino hacia el verdadero objetivo: *la integración de todo y la reunificación en la Totalidad.*

¿QUÉ ES DIOS?

Esta palabra procede del griego *Zeus*. El concepto de Dios nace para entender el espíritu del Sol, la divinidad de la luz. Para muchos Dios puede ser un ente semejante a un padre, que nos dio vida, nos protege y nos enseña. Según los recuerdos y lo que comenzamos a sentir los nuevos humanos, Dios es el Universo; es todas las cosas, desde una mosca hasta una galaxia, es el espíritu y el cuerpo de todo lo que existe. No es ni quien nos enseña ni quien nos contiene, pues nosotros somos Él, y Él es el mismo aprender. Es la Esencia misma.

¿QUÉ ES EL MER-KA-BAH Y CÓMO LO ACTIVO?

Mer-ka-bah es una palabra procedente del hebreo, y significa "carroza", es decir, es el vehículo de los seres. Es el cuerpo de luz geométrico que existe en todas las cosas; desde los electrones hasta los soles poseen este patrón, al cual yo denomino de *integración* y que tiene el potencial de activar la totalidad de nuestro ser, de unificarlo para comenzar con el trabajo de la ascensión física.

Podemos activarlo, si se desea, empleando terapias energéticas, aunque este patrón se activa cuando la persona se encuentra totalmente concentrada en lo que hace, dejando su mente en blanco -proceso más conocido como meditación-. Con la práctica y la respiración, este cuerpo se irá activando, a no ser que una situación determinada (placentera o traumática) lo active súbitamente. Este patrón debe intentar mantenerse activo constantemente para la purificación y ascensión del cuerpo físico, pero no hay que forzarlo; su activación se puede dar teniendo relaciones sexuales, lavando los platos, conduciendo o meditando, pero la clave siempre es la profunda y constante respiración abdominal.

¿Cómo sentiremos los humanos el cambio vibracional de 2012?

Lo más probable es que no sintamos nada. En un principio el cambio será electromagnético, por lo que afectará de forma más visible a los instrumentos que emiten microondas, antes de que nosotros sepamos siquiera qué sucede. El efecto humano es el último que se sentirá, y consistirá en cierta alteración de los sistemas neuronales, que funcionan sincronizados electromagnéticamente con la naturaleza. Nuestro cerebro, como el de todos los animales, está alineado con el núcleo magnético de la Tierra, y cuando éste comience a cambiar, nuestros cerebros lo irán haciendo también progresivamente, aunque, como hace milenios que se desconectaron del Cielo y la Tierra, costará mucho más que el humano comience a cambiar su conciencia, tal como los profetas dicen. Muchas células puede que se enfermen o se curen debido a esta alteración, y tal vez el cerebro derecho comience a tener más importancia de la que hoy tiene, por este motivo quizás muchos sufran dolores de cabeza profundos, alucinaciones o apertura esporádica de la conciencia.

Las personas que no están acostumbradas a esto pueden experimentar períodos de sensación esquizoide o bipolar, hasta que su cerebro vuelva a sintonizarse con el núcleo magnético de la Tierra.

Puede también que surjan potenciales dormidos, ganas de hacer cosas que antes no se hacían, deseos ocultos, cambios de razonamiento o lingüística como leves dislexias, etc. Esto es un reacomodo de nuestro cuerpo físico. Lo importante es mantenernos receptivos y tranquilos; de esta manera no haremos esfuerzo en contra de la transformación, y el cambio puede ser mucho más sutil y fluido.

Mejor que preocuparnos por lo que nos pueda pasar a nosotros como individuos y por nuestros cambios, relajémonos y observemos a nuestro alrededor, pues los indicios más fuertes estarán en el exterior. De esa forma nos iremos preparando para cuando se despierten los cambios internos.

¿QUÉ ES EL AMOR INCONDICIONAL?

Hay que tener en cuenta que el amor es la máxima expresión de la vibración Caliente de la que antes hablé, una vibración que existió mucho antes de que las primeras emociones se formasen. Debemos entender que el amor incondicional no es emocional. Lo que lo diferencia del emocional es su respeto por la evolución de los demás, el entendimiento de que cada uno se halla en un proceso diferente y debe ser respetado. El amor incondicional también se caracteriza por estar conectado, por lo que es Sabio, y solo se involucra en un proceso ajeno si su divinidad, no su creencia, se lo indica. Amar de esta manera significa entender, respetar, coexistir. Los seres incondicionales suelen ser como la imagen de un padre: amoroso cuando debe serlo, y firme, estricto y serio cuando se lo requiere. El ser que expresa este amor, hará incluso cosas horribles para impedir que otros carguen con la responsabilidad de tener que hacerlas, y llevará sobre su espalda el dolor de muchos, con tal de que nadie lo sufra.

Amar incondicionalmente es algo a lo que los humanos llegaremos el día en que aceptemos la libertad y los procesos del otro, desprendiéndonos de las emociones y las confusiones propias del amor terrestre. Ser y dejar ser es amar incondicionalmente.

Capítulo 5

EJERCICIOS SENCILLOS
PARA NUESTRO CAMINO

"Sencillamente nosotros, en nuestras pequeñas acciones, creamos el movimiento de las olas de la transformación, y es así como nuestra simple sonrisa, genera nuevas realidades..."

ALINEÁNDONOS CON NUESTRO UNIVERSO INTERNO

La meditación es el arte de ir hacia el interior, de reencontrarse, y es importante, a través de ella, ser conscientes de que todo nuestro cuerpo es un enorme universo en constante evolución. La imaginación que nos permite nuestro hemisferio cerebral derecho es la que nos conduce a la reconexión con todo aquello que no podemos ver ni tocar, y es la herramienta más cercana que tenemos para volver a estar conectados con nosotros mismos.

Por esto, es importante la visualización de todo nuestro cuerpo como si fuese el mismo universo. Como siempre digo: galaxias en las articulaciones, planetas en las células, almas en la sangre, espíritus en las neuronas, soles en los chakras, todo es un gran sistema en crecimiento y evolución, que necesita de nuestro apoyo y supervisión para cumplir su cometido.

Este ejercicio nos debe ayudar a entender lo difícil que resulta el trabajo para ese ser universal al que aquí llaman Dios, comprendiendo en el microcosmos las dificultades y las maravillas del macrocosmos.

Verán cómo por más que pongan su intención en la sanación de un órgano, posiblemente éste no responda, pues tiene libre albedrío, y debemos respetar eso. De esta forma, entenderán por qué los seres de luz no pueden entrometerse en nuestra sanación.

Ejercicio

Este ejercicio consta de dos herramientas básicas: la respiración y la imaginación.

Busquen un sitio tranquilo, dentro o fuera de casa, y sentados relajadamente, comiencen a respirar profundo, sintiendo cómo sus pulmones se llenan desde la parte inferior (abdominal) hasta la superior (pectoral), exhalando el aire en el mismo orden. Mantengan esta respiración un momento bastante largo, relajando todo su cuerpo, sintiendo todo el oxígeno recorrer sus venas, su cerebro... Mientras continúan con esta sencilla respiración, visualicen, o imaginen, cada parte de su cuerpo, órganos, músculos, venas, huesos, todo, hasta las células y sus proteínas, sintiendo la reacción de cada una de esas partes ante cada respiración.

Cuando lo hayan hecho, observen la luz de cada sector, la luz de los órganos, los colores que perciben dentro, cómo se mueve todo en su interior, en la sangre, en los intestinos, en todo. Intenten imaginar las estrellas, las almas, los planetas, viajen por dentro con su imaginación, y observen cómo su piel sostiene este gran cosmos.

Ahora, se van a concentrar en las partes de su universo que menos luz tienen, aquellas que se ven apagadas, o de colores feos e indefinidos, los lugares que molestan, que están enfermos, y con la misma respiración, van a distribuir la luz de su cuerpo, desde las zonas donde más luz observan, hasta donde menos hay. Mantengan la ley del equilibrio, no pidan más luz al universo, si ustedes también pueden generarla. Dirijan esa luz con la respiración, tornando de colores (usen la imaginación) a cada parte enferma o descolorida de su cuerpo.

De esta forma, estamos revitalizando el sistema universal interno de manera pacífica y meditativa.

CONEXIÓN CON NUESTRO YO SUPERIOR

Nosotros estamos compuestos por muchas entidades, entidades libres pero que tienen un propósito en común. Nuestro ser se halla conformado por diversas entidades cósmicas, de las cuales las tres más importantes son el *Yo Personal*, el *Yo Interno* y el *Yo Superior*, que más comúnmente denominamos *cuerpo, alma y espíritu,* en ese orden.

Muchos intentan conectarse con su Yo Superior para lograr encontrar la conexión con la Verdad y con todo el Universo, pero hay que tener en cuenta que no basta con simplemente meditar hacia los cielos. El ser humano es como una cadena de engranajes, debemos primero equilibrar y accionar una de las partes más fuertes o densas para movilizar luego las más sutiles. Por eso, podemos alcanzar mucho mejor nuestra conexión con el Yo Superior si trabajamos primero con nuestro *Yo Personal* -a través de la alimentación, el ejercicio, la sanidad, la respiración- y nuestro *Yo Interno* -mediante la respiración, la solución y la expresión de las emociones, la realización de las cosas que deseamos hacer y no hacemos (*hobbies*, deseos)-. Una vez movilizados estos engranajes, será mucho más fácil encontrar nuestra conexión suprema, por lo que aconsejo trabajar primero con las dos anteriores. Debemos saber que el espíritu baja cuando la luz está en la materia, y aquí la luz se genera mediante la libertad, la alegría, el goce, el equilibrio del dar y recibir, la correcta alimentación, y todo eso que mantiene a nuestra alma feliz y en comunión con el cuerpo. Todo eso es lo que hace que el espíritu no dude en conectarse con nuestra personalidad.

Tras encontrar una rutina sin rutina (esto es, alimentar la mente de constantes situaciones novedosas, como no ir siempre a trabajar por el mismo camino, buscar un *hobbie* y practicarlo) que podamos aplicar en nuestras vidas, mejorando nuestra alimentación y nuestra actividad física (sea ésta caminar, respirar o ejercitarnos), y una vez que hayamos también logrado romper con nuestras viejas creencias y lanzarnos a situaciones emocionalmente nuevas -realizando viajes inesperados, conociendo gente en otros ámbitos, sin privarse de nada, dejándose llevar por las circunstancias, o buscando el momento óptimo (que es éste mismo) para realizar aquello que saben que los hará felices pero que nunca se atrevieron a hacer-. Tras realizar todo esto, estaremos listos para comenzar a conectarnos con nuestro Yo Superior y seguir las instrucciones del Universo.

Recuerden que el Universo es movimiento constante; no podremos conectarnos nunca con él si no nos movemos sino que al contrario, mantenemos una vida estática. Miren a su alrededor y entenderán lo que les digo: quienes tienen una constante rutina occidental de trabajo son los que menos encuentran su conexión interna y cósmica. Aquellos que rompen su rutina son los que comienzan a encontrarse, porque se han puesto en marcha. Quienes necesitan un objetivo deben entender que el movimiento no posee objetivos; el movimiento es solo eso. Fluye, no se direcciona, y por ese motivo no nos podremos conectar si buscamos un propósito; únicamente lo haremos si nos dejamos llevar por ese propósito, aunque lo desconozcamos. Esa es la razón de que el siguiente ejercicio implique movimiento.

Ejercicio

Realizar este ejercicio implica caminar, recorrer caminos diferentes a los que están acostumbrados, escuchar música mientras tanto, pero música que nunca antes han oído. Diríjanse sin rumbo hacia algún lugar nuevo, y cuando encuentren el lugar que les llame la atención, siéntense relajadamente en el suelo o en un banco, a observar todo a su alrededor. Observen en silencio, sin pensar, solo observen, todo lo que importa es que observen lo que les es nuevo a los ojos y la mente. Mientras lo hacen, respiren conscientemente y descansen hasta cerrar los ojos. En esa sintonía en que el cerebro se encuentra feliz, y el cuerpo relajado, visualicen un enorme espacio de luz en el pecho, y obsérvense dentro de esa luz, en el centro de su ser. Caminen entre la luz, intentando escuchar el sonido de su corazón, y divisen una extensa escalera que sube hacia el cerebro a través de la garganta. Cuando la hayan atravesado toda, habrán llegado a un enorme templo de luz, con columnas, suelo de colores o de un blanco brillante y un trono en el centro iluminado por un halo de luz desde lo alto, desde el infinito. Caminen hacia él y observen quién está sentado en ese trono… se darán cuenta de que son ustedes mismos. Cuando estén frente a sí mismos, simplemente mírense a los ojos. Déjense fluir. Las primeras veces, no cuestionen nada, solo visítense y mírense.

Con la práctica, pueden comenzar a hacer preguntas concretas o lanzar palabras, y esperar respuestas. No anhelen recibirlas en ese mismo momento; tal vez les lleguen en el transcurso del día, o a través de los seis sentidos (tacto, gusto, oído, vista, olfato y percepción).

GLOSARIO

AKÁSHICOS: del sánscrito, "cielo", "éter". Sitio de información o esencia y matriz cósmica.

ÁLMICO: plano en el que se mueven las almas.

DEVAS Y ELEMENTALES: seres celestiales, de luz. Se encargan de la creación y el cuidado de la Naturaleza.

ETÉRICO: nivel energético de éter (esencia), donde se mueven las energías más sutiles, como los espíritus puros.

FOTONES: del griego, "luz". El fotón es la partícula elemental responsable de las manifestaciones cuánticas del fenómeno electromagnético.

GADAPE: del sayónico, "cuerpo físico de Dios, universo".

GEOMETRÍA SAGRADA: ciencia que unifica la matemática y la geometría con el esoterismo y la divinidad universal. Contempla las bases geométricas mediante las cuales se conforma Dios, es decir, todas las bases del universo.

HUNAB KU: máxima divinidad de la cultura maya. Denominación del Sol central de la galaxia.

PAREDES CÓSMICAS: bordes electromagnéticos que contienen las formas y luces del cuerpo universal.

QUERUBÍN: guardián de la gloria de Dios, uno de los seres más cercanos a la máxima divinidad.

RABAL: entidad cósmica de los principios que generó los esquemas mentales de los seres físicos (cerebro, neuronas, etc.).

SAYÓNICO: lengua utilizada en el norte de África en el décimo milenio a. de C.

COMENTARIOS FINALES

La información contenida en esta breve guía práctica debe ser tomada en cuenta, no por lo fascinante que pueda resultar descubrir el universo y todo cuanto existe en él, su funcionamiento y su magia, sino por la posibilidad de recordar, comprender y sentir la razón por la cual estamos aquí, el por qué y el cómo de nuestra existencia.

Recordemos que somos seres de luz viajando por el Sonido, la Luz y la Forma de otro gran ser de luz, y que todo lo que existe está aquí para ayudarnos a llegar a ser semejantes a Él. La finalidad de esto aún no nos incumbe, pero el reconocimiento de lo que existe en su interior nos ayudará a entender lo importantes y mágicos que somos cada uno de nosotros.

El universo entero nos alienta... Todo lo que nos sucede, los problemas, las alegrías, las dificultades, las experiencias, la gloria y la desgracia, todo esto no es obra de un Dios al que jamás podremos ver el rostro mientras seamos humanos. Todo cuanto existe... el por qué, el cómo de todo ello, existe simplemente por nosotros y para nosotros...

"...Gracias por haber elegido nacer en este proceso..."

Matías - Ghan

CONTENIDO